Tá mé ag fás

Frog

Futa Fata

DK

Scríofa agus curtha in eagar ag Lisa Magloff
Deartha ag Sonia Whillock, Mary Sandberg
agus Sadie Thomas
Bainisteoir foilsithe Sue Leonard
Eagarthóir Ealaíne Clare Shedden
Dearadh Clúdaigh Katy Wall
Taighdeoir Grianghraf Julia Harris Voss
Léiriúchán Shivani Pandey
Dearthóir DTP Almudena Diaz
Comhairleoir Barbara Taylor
Leagan Gaeilge Tadhg Mac Dhonnagáin

Foilsithe den chéad uair sa Bhreatain Mhór ag
Dorling Kindersley Limited, 80 Strand, Londain
WC2R ORL

Cóipcheart © 2003 Dorling Kindersley Limited

An leagan Gaeilge © 2010 Futa Fata

ISBN: 978-1-906907-17-4

Ba mhaith le Futa Fata buíochas a ghabháil le COGG,
An Chomhairle um Oideachas Gaeltachta agus
Gaelscolaíochta,
a thacaigh le foilsiú an leabhair seo.

An Chomhairle um Oideachas
Gaeltachta & Gaelscolaíochta

Seo linn ag léim – tá mé ag fás.

Clár

Is frog mise

Tá craiceann sleamhain orm.
Cónaím san uisce agus ar an
talamh tirim. Tá cosa fada
agam. Tá mé go hiontach ag
léim.

Craiceann bog, tais
atá ag an bhfrog.

Seo mise agus cuid de mo chairde sa lochán uisce.

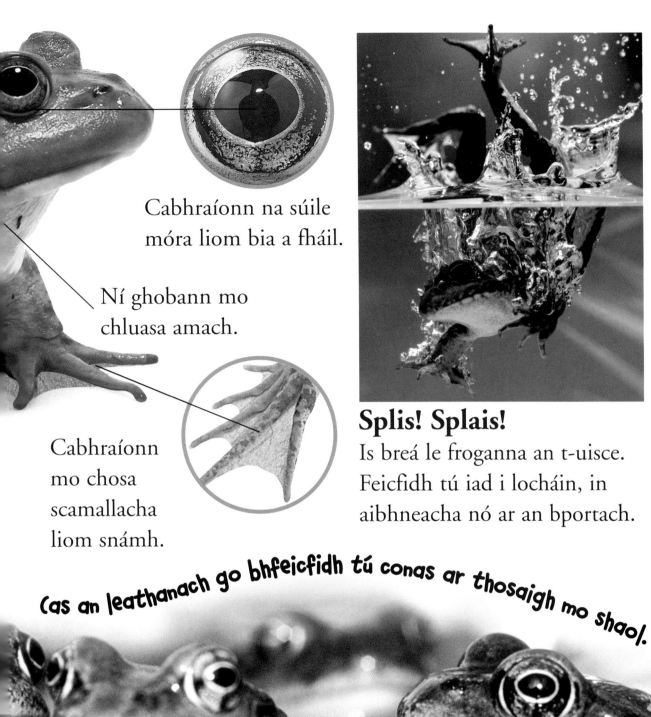

Cabhraíonn na súile móra liom bia a fháil.

Ní ghobann mo chluasa amach.

Cabhraíonn mo chosa scamallacha liom snámh.

Splis! Splais!

Is breá le froganna an t-uisce. Feicfidh tú iad i locháin, in aibhneacha nó ar an bportach.

Cas an leathanach go bhfeicfidh tú conas ar thosaigh mo shaol.

Sular rugadh mé

Rug Mamaí na mílte ubh i lochán
uisce agus thoirchigh Daidí iad –
is é sin, chuir sé ag fás iad.

Síol froganna
a thugtar ar
ghrúpa ubh.

Ceol na bhfroganna

"Grágaíl" is ainm don cheol a
dhéanann froganna. Bíonn an
an Daidí ag grágaíl le hinsint don
Mhamaí cá bhfuil sé.

Dhinnigh Daid greim ar Mhamaí nuair a bhí sí ag breith a cuid uibheacha.

Tá bolg Mhamaí lán d'uibheacha.

An raibh fhios agat?

....

🐸 Beireann Mamaí frog suas le 4,000 ubh.

🐸 Tá bia istigh sna huibheacha – itheann na babaithe é nuair a thosaíonn siad ag fás.

7

Tá mé ag fás taobh istigh den ubh

Tá eireaball agus geolbhaigh agam anois. Faoi cheann cúpla lá, beidh mé réidh le teacht amach.

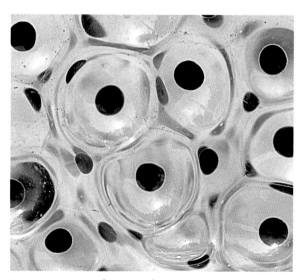

Tús na beatha

Cheana féin, tá m'eireaball ag fás. Faoi cheann cúpla lá, tosóidh mé ag bogadh.

Tar éis naoi lá, tá an torbán réidh le teacht amach as an ubh.

An raibh a fhios agat?

· · · · · · · · · · · · · · · ·

🐸 Snámhann síol froganna suas go barr an uisce. Téann an ghrian é.

🐸 Éiríonn an ghlóthach níos mó san uisce – coinníonn sí an ubh slán sábháilte.

🐸 Tagann torbán amach tar éis deich lá.

Nuair a bhíonn deich lá caite, tosaím do mo bhrú féin amach as an ubh.

9

Tá mé réidh le teacht amach

Nuair a thagaim amach as an ubh, snámhaim suas go barr an uisce. Bíonn sé níos teo thuas ann agus bíonn neart bia le fáil.

Tagann na céadta torbán amach ag an am céanna.

Tógann sé lá iomlán ar an torbán a bhealach a dhéanamh amach as an ubh.

Tar éis teacht amach, ligeann an
torbán a scíth ar feadh cúpla
nóiméad. Siúd leis ansin ag snámh.

Geolbhaigh

Tá torbáin in ann
anáil a tharraingt
san uisce mar go
bhfuil geolbhaigh
acu. Níl tusa ná
mise in ann é sin
a dhéanamh.

Tar éis míosa, tosaíonn mo chuid fiacla ag fás

Faoi dheireadh, is féidir liom tosú ag ithe feithidí. Nuair a thagann péist mhór bhlasta anuas ó bharr an uisce, roinnim é le mo chuid deartháireacha agus deirfiúracha.

Úsáideann torbáin a gcuid fiacla bídeacha le bia a chogaint.

Seachain!

Tá rudaí beo eile sa lochán ag cuardach bia. Bíonn ar na torbáin snámh go tapa, nó béarfaidh an breac mór ocrach orthu.

Tá na torbáin seo ró-thapa dom!

Anois, is meascán de thorbán agus frog mé

Nuair atá mé sé sheachtain d'aois, tosaíonn mo chosa agus mo lámha ag fás. Cabhraíonn mo chosa nua liom snámh tríd an uisce. Is frogán anois mé – leath bealaigh idir bheith i mo thorbán agus i mo fhrog lánfhásta.

Níl aon lámha agam!
Fásann cosa deiridh frogáin ar dtús, ansin na cosa tosaigh. Tagann fás mór ar a cheann agus ar a chorp chomh maith.

Éiríonn an t-eireaball níos giorra nuair a fhásann na cosa.

Mmm! Feithid álainn bhlasta don lón!

Itheann frogáin
go leor feithidí.

An raibh a fhios agat?

Tógann sé thart ar cheithre sheachtain déag ar an bhfrogán casadh isteach ina fhrog lánfhásta.

Tá scamhóga anois aige – suas leis go barr an uisce chun anáil a tharraingt.

Anois, tá mé réidh leis an uisce a fhágáil.

Tar éis trí mhí, bím ag tarraingt anála le mo scamhóga agus trí mo chraiceann. Anois tá mé réidh le dul chun cónaí ar an talamh tirim.

Beagnach imithe!

Nuair atá mé trí sheachtain déag d'aois, tá m'eireaball beagnach imithe. Níl fágtha ach píosa beag.

Tá mé beag bídeach – d'fhéadfainn suí ar bharr do mhéire.

Tar éis trí bliana, beidh mé chomh **Mór** le do dhorn.

An raibh a fhios agat?

. . . .

🐸 Bíonn an frog lánfhásta deich n-uaire níos mó ná mar a bhí nuair a d'fhág sé an t-uisce.

🐸 Is é an samhradh an t-am is fearr le froganna nua lánfhásta a fheiceáil.

Léimim ón talamh go dtí an t-uisce

Bíonn orm mo chraiceann a choinneáil fliuch le fanacht breá folláin. Tar éis dom ithe, léimim ar ais isteach san uisce le snámh a dhéanamh.

A haon... a dó... a trí!

An raibh a fhios agat?

Dá mbeadh duine in ann léim mar a dhéanann frog, bheadh sé in ann páirc pheile a thrasnú in imeacht ceithre léim!

Ní bhíonn froganna ag léim chun bheith ag spraoi, ach chun breith ar bhia agus le héalú óna naimhde.

Sín amach í!

Is le tosach a bhéil atá teanga froig ceangailte, ní lena chúl. Cabhraíonn sé sin leis breith ar fheithidí lena theanga.

Fág an bealach, seo liom... splais!

19

Casann ciorcal na beatha timpeall agus timpeall

Anois, tá a fhios agat conas ar chas mé isteach i mo fhrog mór sleamhain.

Grág, grág. Feicfidh mé san earrach thú!

Froganna ar fud an domhain

Níl an frog crainn beag ach chomh mór le hionga d'ordóige.

Tá glór an-láidir ag an bhfrog giolcaí tincéara.

Maireann an frog crainn glas Astrálach suas le bliain agus fiche.

Tá dathanna geala ar an bhfrog nimhe chun a rá le hainmhithe eile coinneáil amach uaidh.

"Béal mór agus dhá chois faoi" a thugta

22

Tá dathanna éagsúla ar fhroganna ó áiteanna éagsúla ar fud an domhain. Cabhraíonn na dathanna sin leo fanacht beo san áit a bhfuil cónaí orthu.

Is breá leis an tarbhfhrog a bheith ag ithe.

Dath láidir dearg atá ar an bhfrog craorag.

chomh maith ar an bhfrog adharcach meallach.

Foclóirín

Cos scamallach

Craiceann idir na méara – cabhraíonn sé leis an snámh.

Geolbhaigh

Bíonn an torbán ag tarraingt anála leis na geolbhaigh.

Síol froganna

An t-ainm a thugtar ar uibheacha froig.

Torbán

Frog atá tar éis teacht amach as an ubh. Bíonn eireaball ar an torbán agus bíonn cónaí san uisce air.

Ligean amach

Ligtear amach an frog beag nuair a thagann sé amach as an ubh.

Frogán

Leath bealaigh idir frog agus torbán. Tá na cosa agus na lámha ag fás.

Creidiúintí

Ba mhaith leis an bhfoilsitheoir buíochas a ghlacadh leo seo a leanas faoina gcaoinchead a gcuid grianghraf a fhoilsiú: (Eochair: u-uachtar; í-íochtar; l-lár; c-clé; d-deis; af-ar fad)

1: Getty Images/David Aubrey l; 2-3: ImageState Pictor Ltd/Paul Wenham-Clarke; 4-5: Getty Images; 5: Getty Images íd; 6: Stuart R. Harrop íc; 7: FLPA – Images of Nature/Derek Middleton l; 8: N.H.P.A./Roger Tidman c; 9: N.H.P.A./Stephen Dalton l; 10-11: ImageState Pictor Ltd; 11: Stuart R. Harrop/Prof. íd; 12: N.H.P.A./Stephen Dalton l; 13: Getty Images íd; 14-15: N.H.P.A./G.I. Bernard; 16-17: Getty Images; 17: ImageState Pictor Ltd/Paul Wenham-Clarke d; 18-19: Image State Pictor Ltd/Paul Wendham-Clarke; 19: N.H.P.A./Stephen Dalton ld; 20: N.H.P.A./Laurie Campbell l; Stephen Dalton ílc; 23: Jerry Young íd; 24: N.H.P.A./Roger Tidman lc.

Clúdach Tosaigh: Jerry Young íl.

Ba mhaith le Futa Fata buíochas a ghlacadh le Fidelma Ní Ghallchobhair agus le Tadhg Ó Bric, An Coiste Téarmaíochta, faoina gcomhairle.

Gach íomhá eile © Dorling Kindersley. Tuilleadh eolais: www.dkimages.com